AF463359

EXTRAIT

De la Biographie des Hommes du Jour,

PAR MM. GERMAIN SARRUT ET SAINT-EDME.

(*Tome IV, 2e Partie.*)

BIOGRAPHIE

DE

M. STANISLAS MAREY,

COLONEL DES SPAHIS.

A PARIS,

H. KRABBE, LIBRAIRE, QUAI SAINT-MICHEL, 15.

1839.

PARIS. — IMPRIMERIE DE LB. THOMASSIN ET COMPAGNIE,
Rue Saint-Sauveur, 30.

BIOGRAPHIE

DE

M. STANISLAS MAREY,

COLONEL DES SPAHIS.

L'illustre Monge qui fut membre de l'Institut, fondateur de l'École polytechnique, ministre de la marine et président du sénat, eut deux filles, dont l'aînée épousa M. Marey, député de la Côte-d'Or, membre de la Convention et père de celui dont nous allons tracer la notice biographique.

Le grand-père paternel du colonel Marey était un riche négociant de Nuits (Côte d'Or) qui laissa deux fils ; l'aîné émigra, le cadet fut rappelé de la Norwège où il faisait un voyage d'instruction, pour siéger à la Convention. Il s'y distingua par sa modération, autant que par son courage, vota contre la mort de Louis XVI, conserva plus tard la pureté de ses principes républicains, protesta contre l'élection de l'empereur, n'accepta sous l'empire aucune fonction, ne s'occupa que d'intérêts agricoles, et mourut en 1818, laissant une grande fortune à sept enfans dont l'aîné est le colonel Marey.

M. MAREY (*Stanislas*) naquit à Nuits, le 17 mars 1796. La position de Monge, qui était en quelque sorte l'ami de Napoléon, lui présageait une carrière brillante; le titre de comte de Péluse et le majorat considérable qui y était attaché, lui eussent été transmis par son grand-père, dont il était l'aîné des petits-fils, si les principes de son père ne s'y fussent opposés. Il entra en 1814 à l'École polytechnique, et prit part avec elle à la défense de Paris, en 1815.

A la deuxième rentrée des Bourbons, les élèves de l'Ecole polytechnique, qu'animait un esprit peu en harmonie avec les idées de la Restauration, furent licenciés à la suite d'un acte d'insubordination générale, qui avait pour but le renvoi d'un répétiteur.

En 1817, les élèves licenciés furent admis à passer des examens sur le cours complet des deux années pour entrer dans les services publics. A la suite de ces examens, M. Stanislas Marey fut nommé (1er octobre 1817) élève sous-lieutenant à l'Ecole d'artillerie et du génie, et classé le premier de sa promotion pour l'arme de l'artillerie qu'il avait choisie. Il en sortit le 19 janvier 1820, encore le premier de sa promotion, et fut placé comme lieutenant en second dans le 3e régiment d'artillerie à cheval. Il passa lieutenant en premier das le 1er régiment d'artillerie à cheval, le 24 juillet 1824, y devint capitaine adjudant-major le 26 février 1826, et y resta jusqu'à la réorganisation de l'artillerie en 1829. Il fut alors placé comme adjudant-major dans le 2e régiment.

Il se livra, depuis sa sortie de l'école jusqu'en 1830, à diverses recherches relatives à son arme, et se fit connaître avantageusement par des mémoires (1) qui fixèrent l'attention du comité d'artillerie.

---

(1) 1o Mémoire *sur les moyens de fondre les balles de plomb sans vide intérieur.*

Le comité d'artillerie avait indiqué comme une question importante et non résolue, d'empêcher le vide intérieur qui existe dans les balles de plomb, qui, étant excentrique, tend à diminuer la justesse du tir, et qui par l'amoindrissement du poids fait perdre de la portée. Plusieurs essais infructueux avaient été faits. Le mémoire du colonel Marey indique la cause de ce vide, qui tient à la diminution du volume du plomb en se solidifiant, et à ce que la forme des moules ordinaires fait que la différence du volume du plomb liquide au plomb refroidi doit se manifester intérieurement, attendu que la surface extérieure se solidifie entièrement de suite, puis le moyen de transformer ce vide intérieur en une dépression sur la partie supérieure du jet, en faisant en sorte que celui-ci et la partie adjacente de la balle se refroidissent en dernier lieu; alors le plomb du jet s'introduit dans la balle et comble le déficit produit par le refroidissement. Des moules pour une balle et pour dix balles étaient joints à ce mémoire; ils comportaient une grande épaisseur de métal par le bas, une masselotte de plomb fondu dans le haut. Les balles qu'ils produisaient étaient sans vide.

2o Mémoire *sur une fronde-mécanique à jet continu de balles.* A ce mémoire était jointe la machine exécutée en bois. Les

En 1830, le capitaine Marey fut attaché à l'état-major du général de La Hitte, commandant l'artillerie de l'expédition d'Alger.

balles sont introduites dans une trémie, elles arrivent au centre d'une roue verticale animée d'un mouvement de rotation rapide; elles suivent par la force centrifuge un canal en spirale compris dans la roue et qui les amène à la circonférence : là elles sont reçues dans un autre canal fixe entourant la roue, et elles sont forcées de suivre le mouvement de rotation de celle-ci, jusqu'à ce qu'elles arrivent à une ouverture où le canal circulaire se prolonge suivant la tangente. Les balles introduites dans la trémie s'échappent par cette ouverture. Dans la machine présentée, la même trémie faisait parvenir les balles dans deux canaux en spirale, compris dans la même roue, et de là dans le même canal fixe circulaire, d'où elles étaient projetées avec une vitesse de cent cinquante pieds. Il est facile d'obtenir des vitesses beaucoup supérieures. Des calculs font voir que sept hommes employés à la machine peuvent lancer ainsi quinze mille balles en une heure avec des vitesses de cinq cents pieds.

3° *Projet d'application de télégraphes portatifs aux opérations militaires.*

L'auteur indique comme devant être d'une très grande importance des compagnies de télégraphiers munis de télégraphes portatifs, au moyen desquels dans les armées et surtout dans les moments décisifs des batailles, la communication des différens corps avec le général en chef se ferait sans aucune perte de temps, tandis qu'il faut souvent plus d'une heure pour transmettre des ordres et des renseignemens du centre aux extrémités, ou réciproquement.

4° *Projets de ratelier d'armes triples, quadruples et quintuples.*

Ce travail a pour but de résoudre la question de placer le plus de fusils possible dans un même espace d'une salle d'armes.

5° *Projet de remplacement des caissons par deux avant-trains chargés de coffres.*

Ce mémoire indique pour continuer le système adopté dans l'artillerie, de simplifier, de réduire le nombre des pièces différentes du matériel ; au lieu d'avoir pour le service d'une pièce de canon attelée, l'affût, un avant-train pour l'affût, un second pour le caisson, un arrière-train de caisson, on pourrait sup-

Il prit part en cette qualité au débarquement, aux affaires de Staoueli des 24 et 29 juin, au siége du fort l'Empereur, à l'attaque du fort

---

primer ce dernier et de remplacer par deux avant-trains chargés de coffres. Alors il n'y aurait plus que l'affût et plusieurs avant-trains tout semblables. Comme avantages accessoires de ce système, on pourrait placer les conducteurs de ces avant-trains sur les affûts et non plus sur les chevaux, ce qui donnerait une économie de près d'un quart dans l'emploi de la force des chevaux de trait. Il est à remarquer que l'usage de ne plus laisser à cheval le conducteur, presque général en Angleterre, dans les messageries, a été adopté en France depuis peu, et passera probablement avec le temps des entreprises particulières aux administrations du gouvernement. Déjà les malles-postes en ont fait l'application.

6° **Mémoire** sur cette question proposée par le comité d'artillerie en 1825. — *Trouver un instrument ou un système d'instrumens et de procédés propres à constater avec précision la coïncidence et la rectitude des axes des surfaces intérieures et extérieures des bouches à feu.* — La solution, fondée sur une théorie développée et des instrumens très simples, présente des résultats qui peuvent être d'une application facile.

7° **Mémoire** sur cet autre sujet proposé par le comité d'artillerie en 1825. — *Indiquer dans quel cas le tir à ricochet doit être préféré au tir de plein fouet, et le ricochet mou au ricochet tendu; le programme des expériences à faire pour résoudre ces questions ou en compléter la solution, et les moyens les plus simples d'améliorer l'état de l'instruction relativement au tir à ricochet.* — L'auteur indique les causes du ricochet, en déduit des conséquences d'applications utiles à la guerre ; il indique les moyens d'améliorer l'instruction en ce qui concerne l'art de pointer tant pour l'artillerie que pour l'infanterie, et des solutions aux différentes questions du programme.

8° **Mémoire** *sur l'uniforme des officiers d'artillerie à cheval.* — Ce travail a pour but de montrer qu'il y a économie à laisser aux officiers seulement la grande tenue, celle qui est la plus chère, au lieu d'avoir celle-ci et une petite tenue moins chère.

9° **Mémoire** *sur quelques améliorations aux armes à feu portatives.* — L'auteur présente un nouveau modèle de baïonnette qui peut servir commodément d'arme de main, sans s'écar-

Babazoum, ainsi qu'à la première expédition de Blida, où, en chargeant plusieurs fois avec la cavalerie, il prit en quelque sorte la vocation de son arme future.

La révolution de juillet amena au com-

---

ter beaucoup de la forme ordinaire. Il étudie les moyens de bien diriger l'arme dans le tir et propose des mires, ainsi que des dispositions simples qui ajoutent beaucoup de facilités pour le viser.

10° **Mémoire** *sur l'amélioration de la race des chevaux en France.* — L'auteur propose, au lieu du système qui consiste à avoir dans les établissemens du gouvernement un nombre restreint d'étalons, de multiplier ceux-ci en les vendant aux particuliers, et avec l'argent qui en résulte ainsi qu'avec celui de l'administration diminuée et des établissemens vendus aussi, d'acheter une grande quantité d'étalons très beaux qui, vendus encore, donneraient lieu à de nouveaux achats et ainsi de suite. La France recevrait ainsi un très grand nombre des plus beaux chevaux du monde, qui, placés chez des particuliers et par suite des dispositions de la vente, serviraient à la reproduction.

11° **Mémoire** 1° *sur quelques effets d'optique qui ont de l'influence sur la manière de diriger les armes à feu;*

2° *Sur quelques hausses.*

3° *Sur les moyens de donner aux pièces plusieurs buts en blanc et de pointer directement aux distances rapprochées.*

L'auteur expose ses recherches sur ce qui fait bien ou mal voir dans l'action de viser; ainsi que les principes géométriques des appareils destinés à diriger les armes dans le tir; il discute les qualités des moyens en usage, et propose trente-cinq hausses nouvelles, puis des formes particulières à donner aux pièces pour faciliter le viser.

12° **Mémoire** *sur* l'amusette *du maréchal de Saxe et son emploi à la guerre en appliquant à cette arme les perfectionnemens modernes.*

La proposition développée a pour but d'ajouter aux pièces d'artillerie en usage un fusil de six pieds de canon, dont la balle en plomb pèserait une demi-livre, et qui serait porté sur un affût. Des calculs tendent à prouver que cette arme donne aux hommes, aux chevaux, à l'argent, au temps employés à la servir, quinze fois plus de résultats en ennemis atteints qu'aucune autre pièce.

mandement de l'armée d'Afrique le général Clauzel, qui, ayant de grands projets sur l'avenir de la colonie, organisa des corps indigènes à l'instar de ce qu'ont fait tous les conquérans anciens et modernes dans leurs possessions nouvelles.

La formation de deux bataillons et de deux escadrons indigènes fut ordonnée; le capitaine Marey fut chargé de l'organisation des chasseurs algériens.

Il fut nommé à cet effet chef d'escadron de cavalerie (21 octobre 1830), par brevet provisoire du général en chef, et confirmé plus tard (25 mai 1831) par le roi.

Les corps indigènes étaient destinés à la guerre des avant-postes, et en même temps à une œuvre de civilisation. Ils promettaient une vie active et aventureuse, qui convenait à des militaires jeunes et vigoureux; les commandans de ces corps trouvèrent un grand nombre d'officiers, de sous-officiers et soldats, qui demandèrent à s'inscrire : ils purent ainsi former des cadres excellens où les indigènes vinrent s'enrôler. Voici comment s'exprime à cet égard le maréchal Clauzel dans la première brochure qu'il a publiée sur Alger. (*Observations du général Clauzel sur quelques actes de son gouvernement à Alger*. Paris, 1831.)

« Occupé comme je l'étais, depuis mon arrivée à

Alger, de l'idée première de faire jouir la France du plus précieux avantage qu'elle eût à recueillir de sa conquête, j'avais travaillé sans relâche à coloniser ce beau pays, si près de nous ; assurer aussi la conservation des points si importans qu'il offre sur la Méditerranée devait être l'objet de mes sollicitudes.

« Je recherchai avec soin, pour les employer sans retard, tous les moyens les plus propres à amener de tels résultats.

« La formation d'un corps de naturels du pays et celle d'une garde urbaine me parurent d'une utilité incontestable. C'était un moyen de remplacer une partie des troupes que je voulais rendre à la France. J'entrevis aussi, dans cette double formation, une des causes qui devaient produire peu à peu une espèce de fusion entre les indigènes et les Européens, et conduire les premiers à une participation à nos usages, à notre manière de vivre, à nos habitudes d'hygiène dont ils ne devaient pas tarder à reconnaître la supériorité ; et enfin, comme conséquence toute simple, malgré la différence de religion, produire plus de sympathie.

Il était évident que, pour des populations chez lesquelles les habitudes militaires étaient le plus en honneur, les institutions qui s'y rattachaient tendaient vers mon but et présentaient des chances de succès. Je ne me dissimulai pourtant pas les difficultés qu'il faudrait surmonter dans l'exécution de ce projet.

La nécessité d'encadrer dans des compagnies les hommes ou, pour mieux dire, les barbares de ce pays, en leur donnant pour chefs des Français ignorant la langue arabe, ce qui devait rendre l'émission et l'exécution des ordres très difficile et très pénible ; celle de recruter et d'attacher au drapeau ces nouveaux soldats, de les assujettir à une règle et à une discipline mixtes, dont on ne pouvait espérer le perfectionnement qu'avec le temps, étaient bien de nature à fixer mon attention.

Je dus faire un choix scrupuleux des sujets destinés à seconder mes desseins. Il fallait des gens de caractère, propres à braver les dangers sans manquer de prudence pour les prévenir; des hommes patiens et fermes, tout à la fois capables et déterminés. Sur les nombreuses listes qui me furent soumises, je pris ce qu'il y avait de préférable. Trois officiers principaux, que j'ai placés à la tête des Zouaves, ont été pris dans les armes spéciales. Plus tard j'ai eu lieu de m'applaudir des choix que j'avais faits. (1)

« Je ne crus pas devoir encourager les travaux de ces officiers et la mission pénible dont je les chargeais par un supplément de solde, ainsi qu'on l'a quelquefois pratiqué : l'argent n'est point une récompense estimée dans l'armée française. Je pensai qu'il en était une plus digne d'eux, et qu'il valait mieux stimuler leur amour-propre et encourager leur ambition. Je décidai leur nomination au grade immédiatement supérieur, et je fixai à deux ans au moins, pour légitimer cet avancement, la durée de ces nouveaux services.

Un bataillon fut d'abord formé sous le nom de premier bataillon des Zouaves. Ce corps marcha plus tard à l'expédition de Médéah, où il se conduisit très bien. Un second bataillon et un escadron de chasseurs, dits algériens, furent organisés immédiatement après.

Je ne fus point assez heureux pour voir approuver, sur tous ces points, une organisation qui avait coûté tant de peines, et qui nous offrait déjà des garanties de succès. La nomination au grade supérieur que j'avais accordée aux officiers des Zouaves, et leur remplacement dans les corps auxquels ils appartenaient,

(1) Ces officiers étaient les capitaines Maumet et Duvivier pour les zouaves, Marey pour les chasseurs algériens.

furent long-temps refusés par le ministre de la guerre, qui ne les accorda que sur de longues et pénibles instances. »

Le chef d'escadron Marey prit part à la première expédition de Médéah sous les ordres du général en chef Clauzel, en 1830 ; plusieurs des prisonniers turcs qu'on en ramena furent incorporés dans les chasseurs algériens, qui atteignirent bientôt un effectif de 300 cavaliers ; les officiers étaient tous Français, ainsi que la moitié des sous-officiers et brigadiers, et un très petit nombre de simples cavaliers (1).

Les chasseurs algériens prirent part à la deuxième expédition de Médeah, dirigée par le général Berthezène. Ils eurent, le 1er juillet 1831, une belle affaire sur le plateau d'Ouara, où ils chargèrent avec intrépidité la cavalerie et l'infanterie arabe. Le chef

---

(1) Les selles et les brides étaient celles en usage dans le pays ; les armes étaient le fusil d'infanterie et le sabre de cavalerie légère avec des pistolets à la ceinture ; les chevaux n'appartenaient pas aux cavaliers ; la moyenne des prix de la remonte ne dépassa pas 150 fr.

Le costume consistait en une culotte bleue, ample, venant jusqu'au genou, des bottes, un gilet bleu, une ceinture rouge, une veste garance ouverte du devant, un bournouss blanc, un turban rouge.

Les commandemens se faisaient en français, les exercices permettaient les formations ordinaires, et laissaient la faculté de combattre suivant l'usage du pays.

Des cours de langue française étaient faits aux indigènes, des cours d'arabe aux Français.

d'escadron Marey, dans ce combat, pénétra le premier au milieu des Arabes et abattit d'un coup de sabre le plus audacieux d'entre eux. Le général en chef fit paraître l'ordre du jour qui suit :

Le lieutenant-général témoigne sa satisfaction aux troupes de la division qui ont combattu aujourd'hui les dix tribus réunies pour s'opposer à notre marche. Les chasseurs algériens, pour la brillante charge qu'ils ont faite, et les volontaires parisiens, pour avoir abordé l'ennemi avec l'audace de vieilles troupes, méritent particulièrement des éloges.

Le même jour le commandant Marey fut légérement blessé d'un coup de feu.

Dans la retraite les chasseurs algériens rendirent de très grands services, et ce fut au zèle de l'un d'eux que l'on dut la connaissance d'une insurrection générale combinée par les habitans du pays. Le général déjoua leurs projets par une marche de nuit, prévint l'ennemi au col de Tenia, et évita ainsi les plus grands obstacles.

Après la retraite de Médeah, les Arabes vinrent attaquer nos avant-postes. Il y eut plusieurs engagemens où les chasseurs algériens parvinrent à joindre l'ennemi et à le combattre avec avantage. Le 14 septembre 1831, le commandant Marey reçut la croix de chevalier de la Légion-d'Honneur.

Le général Berthezène le fit connaître à l'armée dans un ordre du jour qui suit :

L'armée apprendra avec plaisir que S. M., par ordonnance du 14 septembre dernier, a daigné nommer chevalier de la Légion-d'Honneur MM. Marey, chef d'escadron, commandant les chasseurs algériens ; Balossier, capitaine au 67e de ligne ; Pronets, sous-lieutenant au 15e de ligne; Martin, sergent-major ; Dubourg, sergent au même corps, et Dubuisson, sergent au 30e de ligne, pour les récompenser de leur valeur et de leur belle conduite dans les combats de Médeah et de la Mitidja, pendant le mois de juillet dernier.

Les sieurs Conclaux et Rostaings, sergents-majors aux 20e et 30e de ligne, ont déjà obtenu au même titre le grade de sous-lieutenant.

Ces témoignages éclatans de la satisfaction de S. M. et cet empressement à récompenser les belles actions, doubleraient dans nos cœurs, s'il était possible, notre amour pour la patrie, notre zèle pour son service et notre dévouement pour la personne du roi.

Le 14 mars 1832, par suite d'une organisation nouvelle de la cavalerie, les chasseurs algériens furent versés dans le 1er régiment de chasseurs d'Afrique. (L'ordonnance qui prescrivait la formation de ce corps est du 17 novembre 1831.) Il y eut d'abord un régiment pour la province d'Alger, et un pour la province d'Oran ; il en a depuis été créé un troisième pour la province de Bone). (1)

(1) Nos lecteurs seront sans doute bien aises d'avoir quelques détails sur l'organisation de ces corps inconnus en France.

Dans ce nouveau corps le chef d'escadron Marey prit part à un grand nombre d'affaires, et son nom se trouve cité deux fois à l'ordre du jour de l'armée. Il se fit surtout remarquer au combat de Boufarick, que dirigea avec habileté le général de Faudoas avec dix-huit cents hommes contre quatre mille Arabes.

Nous lisons dans un document authentique :

A l'affaire de Boufarick, le chef d'escadron Marey commanda, par suite de la mise hors de combat du colonel, la cavalerie composée de 500 chasseurs qui firent plusieurs charges, eurent 11 hommes tués, sabrèrent plus de 200 combattans arabes et enlevèrent les drapeaux des villes de Bélidah et Méliana (placés actuellement aux Invalides). Le dernier fut pris par le commandant Marey et le sous-lieutenant de Gomicourt, qui pénétrèrent les premiers au milieu de l'infanterie arabe et sabrèrent celui qui le portait.

Chacun des trois régimens de chasseurs d'Afrique se compose d'un état-major, de 6 escadrons et d'un peloton hors rangs. Leur complet de paix est de 1,266 hommes et 942 chevaux, ce qui porte le total de trois régimens à 3,798 hommes et de 2,826 chevaux.

L'uniforme des trois regimens consiste en un habit-capote *bleu-céleste*, à la polonaise, boutonnant droit sur la poitrine au moyen de 9 gros boutons, à basques tombantes en forme de jupon, à gros plis de ceinture, croisant par devant et ouvert par derrière. 1er régiment, collet *jonquille*; passepoil *bleu-céleste*. — 2e régiment, collet *bleu-céleste*, avec pattes à trois pointes *jonquille*. — 3e régiment, collet *jonquille* avec pattes à trois pointes *bleu-céleste*; paremens : 1er et 3e régimens, *jonquille*; 2e régiment, *bleu-céleste*; brides d'épaulettes *bleu-céleste*; boutons à grelots *blanc*; contre-épaulettes en chaînette en cuivre, montée sur un cuir de vache *noir*. Pantalon *garance*, à larges plis de

A la suite de cette affaire le commandant Marey fut proposé pour le grade de lieutenant-colonel.

Les vicissitudes de la cavalerie indigène en Afrique se lient à la vie militaire du commandant Marey, qui organisa les premiers escadrons de chasseurs indigènes, et proposa les bases de l'organisation des spahis dont il fut chargé. Il avait adressé au ministère de la guerre, en 1833 et 1834, deux mémoires (*Notes sur la régence d'Alger. Aperçu de l'histoire de la régence d'Alger depuis la conquête jusqu'en* 1834) qui sont restés déposés aux archives de la guerre, et en marge desquels le maréchal Soult, alors ministre, fit les annotations suivantes :

Sur le premier :

« J'ai lu avec beaucoup d'intérêt ce mémoire ; il fait honneur à M. Marey, et je désire le lui témoigner. Les vues qu'il renferme peuvent être très utiles à consulter, et je prie MM. les directeurs du personnel (pour lui et le bureau des opérations), de la comptabilité (pour lui et

---

ceinture par devant, à brayette, à poches de côté et à fausses bottes. Manteau en drap *blanc* piqué de *bleu*, sans manches et à petite rotonde. Phécy ou calot égyptien en tricot feutré de laine *garance*, avec houpette en soie *bleu-céleste*. Ceinture à tissu et à cinq bandes de couleurs opposées, en laine *garance* et *bleu-céleste*. Czapska *garance*, avec galon et soutache *bleu-céleste*, sans plaque. Cordon de czapska en laine *garance*. Pompon demi-sphérique de la couleur de l'escadron, avec tige en fer. Buffleteries *blanches*.

le bureau d'Alger), de l'administration (pour lui et les sous-directeurs de l'artillerie et du génie), d'en recueillir les aperçus dont l'application serait de quelque utilité, pour en faire l'objet de leurs méditations et même de leurs propositions, suivant le temps et les circonstances qui résulteront de l'organisation nouvelle de nos possessions au nord de l'Afrique.

« *Le Ministre,*

« MARÉCHAL SOULT. »

29 mai 1834.

Sur le deuxième.

« Bureau d'Alger.

« J'ai lu avec beaucoup d'intérêt ce mémoire, il fait honneur au chef-d'escadron Marey; je désire que toute ma satisfaction lui en soit témoignée par écrit, en l'engageant à continuer à recueillir des observations aussi judicieuses et éminemment utiles, pour me les rendre aussitôt, me proposant de les mettre à profit.

« A cet effet ce mémoire sera lithographié à 25 exemplaires pour en faire tel emploi qu'il conviendra, d'après mes décisions; mais auparavant il sera fait examen des autres documens que nous possédons, soit même de la correspondance des généraux qui ont commandé en Afrique, pour s'assurer s'ils ne renferment point des renseignemens utiles qu'il conviendrait d'ajouter comme développement ou appendice au mémoire de M. Marey et ainsi en augmenter l'utilité. Dans tous les cas, il m'en sera rendu compte pour régulariser l'exécution.

« *Le Ministre,*

« MARÉCHAL SOULT. »

29 mai.

Le premier mémoire donnait de grands détails sur l'état général et actuel des Arabes, sur la guerre en Afrique, sur l'habillement et l'armement les plusconvenables aux troupes de l'Algérie, sur la colonisation et la domination du pays. Nous croyons devoir faire connaître de ce mémoire, que nous avons sous les yeux, les extraits suivans qui eurent de l'influence sur la position ultérieure du commandant Marey.

Les corps mixtes d'indigènes et de Français ont plusieurs buts : 1° de donner au dominateur un aspect moins poignant, en adoucissant son caractère étranger sous des formes nationales ; 2° de donner une carrière à beaucoup d'Arabes qui vivaient de la guerre sous les Turcs et de les empêcher de combattre contre nous, en les faisant combattre pour nous ; 3° de former une pépinière de Français qui s'instruisent dans la langue, les mœurs, l'histoire, le personnel du pays et peuvent être ensuite utilisés dans les rapports des deux nations et réciproquement pour les Arabes. 4° Chaque soldat arabe représente un combattant de plus pour nous et un de moins contre nous, un guide, un moyen d'avoir des renseignemens, l'action de ceux qui dépendent de lui; 5° Ces indigènes ont pour qualités personnelles d'être robustes, mieux portans que nous dans la mauvaise saison, plus habitués à la guerre des Arabes, tiraillant bien, durs à la fatigue, et ayant moins de besoins que nous. 6° On créera entre les corps français et arabes une concurrence qui tendra à doubler leur valeur. 7° Ces corps effraient moins que les Français les populations alliées, parce qu'on peut s'entendre avec eux et qu'ils connaissent mieux les convenances locales. Ils exposent moins aux méprises fâcheuses qui ont quelquefois frappé l'innocent pour le coupable. Ils seraient propres à un service de surveillance sur les tribus, chaque soldat pouvant recevoir et transmettre au chef les plaintes et avis; ils maintiendraient l'ordre et empêcheraient les brigandages dans la plaine où ils devraient se tenir habituellement. (L'expérience prouve qu'on peut par eux savoir tout se qui se passe dans le pays, et c'est à l'avis donné par un indigène pendant l'expédition de Media au général Berthezène, qu'on a dû de sauver l'armée d'un grand danger.) Étant bien dirigés, ils devraient joindre à leur action militaire une grande influence politique.

Chaque fois qu'on installe une administration dans un point nouvellement occupé, on propose des chefs pour l'intendance militaire et civile, les douanes, l'artillerie, le génie, et la justice, mais non pour ce qui concerne les Arabes. Ceux-ci ne sont pas représentés, personne n'est spécialement chargé de les utiliser; de concilier leur intérêt et le nôtre; cependant les Arabes ont ici une très grande importance; selon la manière dont on les traite, il y a une grande différence en bien ou en mal dans le résultat. La plus grande partie des dépenses faites tient à eux; il en est d'eux par rapport à chaque point et à l'ensemble de nos possessions, comme des puissances étrangères par rapport à la France; de même qu'il y a au cabinet du roi un ministre des affaires étrangères, il semble qu'il devrait exister sur chaque point une autorité chargée de ce qui concerne les Arabes; on pourrait l'appeler agha, d'après le nom ancien de ces fonctions ici. Son intérêt et son mérite seraient que les Français tirassent le meilleur parti des Arabes, et que les Arabes prospérassent autant que possible sous notre influence. Il devrait connaître la langue, l'histoire, les lois, les usages, le personnel du pays. Les Arabes nommés aghas auraient plus de connaissances spéciales que les Français, mais ils présenteraient trop peu de garantie, et ne semblent pouvoir être que comme adjoints à l'agha. L'expérience prouve qu'on a eu peu occasion de se louer de leurs services administratifs et à peu d'exception près, ceux qui ont eu de grandes fonctions ne les ont guère employées qu'à leur utilité particulière. Les aghas des villes dépendantes d'Alger, Bone et Oran, communiqueraient chacun avec l'agha de son chef-lieu et ceux de Bone et d'Oran avec celui d'Alger, qui serait alors agha en chef, de même que cela a lieu pour tous les services dont les chefs résident à Alger. L'agha en chef transmettrait aux autres les ordres du général en chef, exigerait d'eux des rapports de manière à être, relativement aux affaires arabes de toute la régence, comme les intendans civils et militaires, les directeurs des douanes, de l'artillerie, du génie, etc. par rapport à leur service. Alors 1° il serait responsable des relations avec les Arabes tandis que sans lui chacun peut les influencer selon son intérêt devant le commandant en chef sans avoir rien à craindre ou espérer du résultat final. 2° Les Arabes sauraient à qui s'adresser pour communiquer avec l'autorité supérieure et ne seraient pas obligés de s'industrier pour parvenir à elle. 3° Le général ne devrait pas perdre un temps précieux à écouter des affaires de détails qui ne devraient que le fatiguer, l'agha ne lui présentant que ce qui est digne de son attention, comme cela a lieu dans tous les services. 4° Les Arabes auraient une protection qui ferait valoir leurs droits si on les maltraitait et éviterait bien des abus. 5° Si l'autorité supérieure était changée, il resterait pour ce service quelqu'un qui serait au courant et y mettrait celle qui succèderait, ce qui n'exposerait pas aux tâtonnemens et aux fautes qui, à chaque changement de chef, arrivent relativement aux Arabes et non pour les services qui sont organisés. 6° Il serait pour les Français la clé des ressources à tirer des Arabes, pour les Arabes leur consul auprès des Français, il serait à examiner si les aghas ne devraient pas être considérés comme dépendans du ministre des relations extérieures, qui est le seul qui ne soit pas représenté à Alger. Pour que l'agha pût prendre de l'influence sur les Arabes, il faudrait que, 1° choisi à une hauteur hiérarchique, en harmonie avec l'importance de ses fonctions, la stabilité de ses fonctions lui fût garantie par une commission ministérielle, et une investiture solennelle devant les Arabes qui apprendraient aussi par là à connaître celui à qui ils doivent s'adresser. 2° Il devrait avoir une représentation convenable et pour cela d'abord des frais de premier établissement qui rentreraient encore dans les premières intentions. Ce serait comme le douaire que les Arabes constituent à leur femme, qu'ils doivent renouveler à chaque nouveau choix, et qui rend ceux-ci plus durables ; de plus il devrait avoir quelque allocation annuelle, alors il pourrait recevoir les Arabes et leur faire les cadeaux d'usage. 4° Il pourrait avoir au conseil d'administration voix consultative ainsi que le chef de l'artillerie, du génie, du trésor, comme pouvant donner des renseignemens utiles, et aussi parce que plus il sera honoré et considéré chez les Français, plus il le sera des Arabes, et plus il aura de chances de succès. Les fonctions de chaque agha, consisteraient en rapports avec le commandant supérieur de la localité, avec ses supérieurs et inférieurs dans son service, et avec les Arabes. Ce serait principalement un travail de cabinet, de correspondances et de receptions. A Alger où il y a des alliés et des neutres, il semblerait convenable de leur donner un chef particulier, dont les fonctions opposées à celle de l'agha seraient de parcourir habituellement notre extérieur avec des troupes indigènes, d'en connaître le personnel et toutes les particularités, de l'organiser et administrer, de tirer parti des tribus voisines. Il pourrait être nommé bey, en désignant ainsi un chef français ayant le pouvoir militaire et administratif chez les

Arabes, il devrait avoir comme l'agha des garanties de stabilité, des frais de premier établissement et de représentation. En ce moment il serait le chef de Krachne, Beni-monssa et Blida, il correspondrait avec l'agha d'Alger comme les autres chefs de populations arabes. Plus tard si nos possessions s'étendaient, il faudrait un chef pour l'est, Krachnes, Dellis; un autre pour l'ouest, Blida, Hadjoutes, Cherchel; un troisième pour Média. Les aghas ou bey auraient sous leurs ordres des agens qui seraient placés auprès des commandans des camps et des forts. Il semble que l'importance des Arabes dans l'administration d'Alger nécessite ainsi une organisation spéciale, si on la considère sous le point de vue de notre avantage politique, financier et de la convenance de faire prospérer les peuples qui dépendent de nous.

Le 17 septembre 1834, une ordonnance royale nomma le commandant Marey lieutenant-colonel et le chargea de l'organisation des spahis réguliers d'Alger, dont la création avait été ordonnée le 10 du même mois (1).

Le lieutenant-colonel Marey fut en même temps chargé de l'organisation des spahis auxiliaires, et du commandement militaire politique et administratif de toutes les tribus arabes des environs d'Alger sous le titre d'agha.

Il avait prouvé qu'il comprenait la question

(1) Ceux de Bone furent organisés, par ordonnance du 10 juin 1835; ceux d'Oran, par ordonnance du 12 août 1836.

d'Afrique, il avait l'habitude des Arabes, et leur avait inspiré de la crainte et de l'estime; il avait déjà commandé un corps indigène, il savait parler, lire et écrire l'arabe. Telles furent les raisons qui lui firent confier ces dernières fonctions, dont il avait donné l'idée, qui se trouvent définies par l'arrêté suivant, et se rapprochent de ce qu'il avait indiqué.

Nous, lieutenant-général, pair de France, gouverneur-général des possessions françaises au nord de l'Afrique,

Voulant imprimer un mouvement plus actif et plus uniforme aux rapports et aux relations qui existent déjà, ou pourront s'établir par la suite avec les tribus de l'intérieur, leur prouver que nous nous occupons de leurs intérêts, que nous désirons vivre en paix avec elles, et faire régner parmi elles l'ordre et la tranquillité.

Arrêtons :

Art. 1er. Un officier supérieur ayant le titre d'Agha des Arabes, qui est le plus propre à caractériser aux yeux des indigènes la nature de ses fonctions, sera chargé, sous notre direction immédiate, des rapports avec les tribus de l'intérieur et de la police de leur territoire. Il appuiera par tous les moyens possibles et en son pouvoir la souveraineté française, la paix publique et l'exécution de nos ordres.

Il recevra et nous transmettra sur le champ les dépêches, demandes ou plaintes qui ne nous seront pas directement adressées.

Il pourra prendre d'urgence les mesures ordinaires de police administrative ou militaire. Pour toutes les autres, il demandera et attendra nos ordres.

Art. 2. L'agha des Arabes recueillera les renseignemens qui lui seront demandés par les chefs de service membres du conseil d'administration. Il obtempérera aux invitations qui lui seront par eux adressées.

Art. 3. L'action et la surveillance de l'agha des Arabes s'étendront en outre sur tout le territoire extérieur à l'exception des camps, postes, positions, fixes ou temporaires, occupés par l'armée, du terrain militaire qui les environne et des circonscriptions administratives régulières, qui sont ou pourront être créées.

Cette disposition ne mettra aucun obstacle à l'action et à la surveillance de la gendarmerie.

Art. 4. L'agha sera chargé exclusivement d'assurer l'exécution des mesures de répression que nous aurons ordonnées au-delà de la ligne des avant-postes, toutes les fois qu'il ne sera pas nécessaire d'y employer une portion de l'armée. Dans ce dernier cas, le commandement appartiendra à l'officier à qui nous l'aurons confié ou à celui du grade le plus élevé.

Art. 5. L'agha nous adressera un rapport journalier sur tous les événemens survenus dans les vingt-quatre heures et sur les renseignemens qu'il aura recueillis.

Art. 6. Il aura à sa disposition, pour l'aider dans ses fonctions et sa correspondance, deux officiers et deux interprètes, que nous désignerons.

Art. 7. Il dirigera seul, pour l'exécution de nos ordres et pour la police du territoire ci-dessus indiqué, l'emploi des spahis auxiliaires et autres Arabes volontaires, à moins que par un ordre spécial de notre part, et pour une circonstance déterminée, nous n'en ayons conféré le commandement à un autre officier.

Alger, le 18 novembre 1834.

Signé : D. comte d'ERLON.

Un second arrêté du même jour nomma le lieutenant-colonel Marey agha des Arabes.

Le lieutenant-colonel Marey avait trois missions, former deux corps et régir, comme agha les tribus arabes. Nous commencerons par examiner ce qui concerne la dernière.

Service de l'agha. Les tribus arabes des

environs d'Alger se composaient de celles qui étaient comprises dans la ligne des camps, de celles qui étaient à peu de distance et sous l'action immédiate de l'autorité française, de celles qui étaient à portée d'expéditions un peu fortes; enfin, de celles qui étaient hors de l'action militaire française.

Les deux premières zones étaient soumises, recevaient des chefs nommés par les Français, et par suite furent l'objet des attaques des tribus plus éloignées; les troisièmes devinrent le point de réunion de tous les hommes d'action du pays, qui vivaient du produit du brigandage exercé sur nos alliés; ces dernières ne prenaient ordinairement part qu'aux guerres générales. Les trois premières classes de tribus habitaient donc le champ de bataille habituel des Français et des Arabes; l'agrandissement d'Abd-el-Kader donna une grande activité à l'action militaire des tribus hostiles. L'administration de telles populations devait donner lieu à des difficultés spéciales. Si du temps des Turcs l'ordre ne s'y maintenait pas toujours, malgré la domination qui s'étendait au loin, malgré des châtimens très cruels infligés aux malfaiteurs, on doit croire que la position critique des alliés, la faveur politique qui s'attachait à l'action des ennemis, et les moyens de répression limités que donnent nos usages, rendaient la sécurité impossible, il s'agissait seulement de diminuer les chances de désordres en constituant l'administration intérieure des tribus soumises, en forçant celles-ci à se bien garder, en les soutenant par des troupes, en sévissant contre les coupables, en tâchant de nouer des négociations qui rendissent la paix avantageuse aux deux partis, et en profitant des dissensions des tribus éloignées pour augmenter le nombre des alliés. Si les chefs des tribus alliées étaient peu soutenus, ils ne pouvaient faire face aux circonstances presque toujours critiques où ils étaient; si leur autorité était rendue forte, ils en abusaient en commettant des exactions qui donnaient lieu à des plaintes et à des mouvemens contre eux.

Presque toujours le chef arabe se considère comme nommé pour un temps dont il sait le peu de durée probable, et son but principal est d'extorquer, le plus possible, l'argent à ses administrés. La plupart s'entendaient avec les brigands, tant du dehors que de l'intérieur, et partageaient avec eux. Les divisions intérieures des tribus donnaient le plus souvent lieu aux scènes de meurtres et de brigandages qui eurent lieu, les ennemis extérieurs étaient les instrumens des partis et en profitaient.

Chaque tribu comprenait un parti turc reconnaissant pour chef le bey de Constantine; un parti arabe qui était le plus nombreux, et se rattachait à celui d'Abd-el-Kader, le parti de ceux qui étaient le plus intéressés à la cause française; puis les partis de chaque chef en possession du pouvoir, ou voulant y parvenir. Le parti d'Abd-el-Kader, pour se faire craindre, appelait les Hadjoutes, et les soutenait en cachette quand ils opéraient sur ceux qui étaient désignés à leurs coups. Le parti français s'appuyait sur l'action de l'autorité qui devait être très rigoureuse, même violente, pour maintenir autant que possible l'équilibre.

Si Abd-el-kader obtenait des succès ou approchait, son parti prenait un grand essor, il tombait si le bey de Constantine arrivait dans les environs avec son camp, et le parti turc se relevait partout. Dans ces alternatives, les chefs du parti vaincu étaient l'objet de violences, ceux du parti français étaient dans une position toujours difficile, et plusieurs furent tués ou blessés.

C'est ainsi, entre autres, que le kaïd turc Ben Rhaznadji très habile et très brave, qui devait recevoir le commandement de toutes les tribus soumises et dont on commençait à élargir l'autorité, en plaçant une nouvelle tribu sous son administration, ayant paru au parti arabe devoir prendre un ascendant dangereux, fut, malgré sa finesse, attiré dans un piége, et décapité par des Hadjoutes, ses propres amis, le jour même de son installation. Sa tête était le lendemain chez le bey de Meliana.

L'autorité de l'agha était combattue par les partis turc et arabe, non seulement au dehors, mais encore dans l'intérieur où ils avaient de fortes ramifications; chacun aurait voulu que cette autorité fût donnée à un de ses chefs, et tous firent commettre de grands désordres lorsque parut l'arrêté de création d'un agha français. Mais l'activité et la fermeté qui furent mises en usage comprimèrent l'essor de ces brigandages. Les tribus durent avoir un certain nombre de cavaliers et de fantassins armés; un service de surveillance fut organisé, les spahis et la troupe française firent souvent des reconnaissances et vinrent appuyer les efforts des alliés; l'action judiciaire des cadis fut surveillée et fortifiée; les kaïds jugeaient les délits importans, ceux qui commettaient des désordres graves étaient jugés par l'agha, ou traduits devant un conseil de guerre; plusieurs fois des expéditions de nuit châtièrent les tribus qui avaient manqué aux alliés et se refusaient à réparer leurs torts; les tribus étaient rendues responsables des crimes qui se commettaient sur leur terrain, selon l'usage du pays, ce qui amenait promptement la découverte des coupables. Souvent, tous les principaux d'une tribu étaient réunis pour discuter devant l'agha leurs intérêts, ou lui faire entendre leurs plaintes contre leurs chefs. Ces assemblées étaient remarquables par l'ordre qui y régnait et l'esprit des orateurs.

Plusieurs centaines d'affaires furent jugées, plus de deux cents donnèrent lieu à des restitutions souvent très considérables. Un grand nombre de coupables furent châtiés de peines corporelles; plusieurs furent condamnés par les tribunaux. Un service de police fut organisé pour savoir ce qui se passait chez l'ennemi, qui n'attaqua jamais avec des forces notables sans qu'on ait été prévenu de ses desseins. Dix-sept naufragés et un grand nombre de prisonniers furent ramenés par les Arabes; la rançon payée pour les naufragés alluma entre les tribus éloignées de l'est une guerre qui dura plus de deux ans avec des chances diverses, et contribua à notre tranquillité de ce côté. L'agha devait faire de nombreuses courses dans les tribus arabes. Il eut le commandement de plusieurs expéditions de répression, il allait presque tous les lundis au marché de Boufarich, il devait se porter avec des forces là où se manifestaient des craintes d'attaque ou de grands désordres. Sa mission devenait critique quand les événemens nous étaient défavorables comme après la première expédition de Constantine. Dans les cinq derniers mois il fut placé à Boufarich, avec pouvoir d'attaquer, vu l'urgence, sans demander de nouveaux ordres; il pouvait alors disposer d'environ 800 hommes de troupes régulières et du double d'auxiliaires. Sa présence sur ce terrain arrêta les déprédations des Hadjoutes, qui reçurent plusieurs fois des échecs notables.

Le lieutenant-colonel Marey exerça les fonctions critiques et accidentées d'agha, sous les gouverneurs-généraux le comte d'Erlon, le maréchal Clauzel, et le comte Damrémont, du 10 novembre 1834 jusqu'au 22 avril 1837.

Il demanda à quitter cette position au général Damrémont. Sa démission fut acceptée quand il fut nommé colonel. Les fonctions d'agha furent alors supprimées, et remplacées par celles de directeur des affaires arabes qui furent données au capitaine Pélissier. Le lieutenant-général Rapatel fit paraître l'ordre du jour qui suit :

Par ordonnance du 31 mars, M. Marey, lieutenant-colonel du corps des spahis réguliers d'Alger, a été nommé colonel au même corps. Cette récompense est une preuve non équivoque des bons services rendus par cet officier supérieur, et M. le gouverneur-général saisit cette occasion pour lui exprimer sa satisfaction de la manière honorable dont il a rempli les fonctions qui lui ont été confiées, du zèle et de l'activité dont il a fait preuve en toutes circonstances. Le lieutenant-général, commandant les troupes en Afrique, s'empresse de porter ce témoignage à la connaissance de l'armée et d'y ajouter avec plaisir le sien.

SPAHIS AUXILIAIRES. — La création des spahis auxiliaires présenta de grandes difficultés dans le principe. Les Arabes qui se faisaient inscrire se déclaraient du parti français, et s'exposaient ainsi à toute la malveillance des partis hostiles; ils durent être fortement soutenus et encouragés.

On établit des spahis dans chaque tribu, mais on en forma un noyau considérable à la Rassauta, à trois lieues d'Alger; il était composé en partie des Aribs disséminés dans toute la plaine. Cette tribu, qui avait rendu de grands services aux Turcs, fut combattue après 1830 par tous les ennemis qu'elle s'était attirés et que ne retenait plus la crainte du gouvernement d'Alger. Elle combattit pendant quatre ans avec valeur et de nombreuses pertes; mais ne pouvant résister elle dût abandonner son terrain et se disséminer dans les tribus voisines. Il y avait dans la Mitidja un grand nombre d'Aribs pauvres, habitués à la guerre, qui s'entendaient pour récupérer leurs pertes par un brigandage bien organisé et très lucratif. Ils furent tous réunis, des terres leur furent données, on leur prêta du blé pour ensemencer, ainsi que des charrues ; une solde de 27 fr. par mois, et qui s'élevait à 150 pour quelques chefs, compensa les bénéfices du brigandage ; les *Rhazias* leur donnèrent de grands avantages.

Leur organisation comportait des brigadiers, des maréchaux-des-logis, et des officiers : ces grades étaient très recherchés. Les Aribs devinrent l'objet de l'animosité des tribus hostiles, on tenta plusieurs fois de les attaquer, et à la suite des fêtes de juillet, le 30 juillet 1835, pendant qu'ils étaient à la revue des troupes et touchaient leur solde mensuelle, les tribus de l'Est lancèrent sur leurs tentes 400 cavaliers qui firent quelque butin, mais furent promptement repoussés et perdirent sept hommes tués et quatre prisonniers. Les Aribs, inscrits au nombre de 300, suffirent pour assurer la tranquillité de l'Est presque toujours. Ils se rendirent utiles dans un grand nombre d'expéditions ; ils ne convenaient pas pour les charges à l'arme blanche, mais étaient très audacieux pour pénétrer là où étaient les bestiaux et le butin. Ils marchaient par deux, par quatre, par peloton, et éclairaient parfaitement ; une collerette rouge qu'on donnait à chacun d'eux pour les expéditions, empêchait les méprises sanglantes qui avaient eu lieu parfois auparavant.

Dans le commencement, ils continuèrent encore leurs habitudes de brigandage, et s'attirèrent de graves châtimens; à la fin, cette tribu était aussi sage qu'on pouvait l'espérer, et avait acquis une très grande aisance.

Les spahis auxiliaires s'élevaient à 350 cavaliers. Plusieurs chefs de tribus éloignées y prirent du service avec leurs partisans. Cette institution s'est rendue utile sous les rapports militaires, politiques, et du bon ordre intérieur; plusieurs de ces cavaliers furent tués ou blessés dans nos rangs, quelques-uns obtinrent même la croix d'honneur.

Spahis réguliers. — Le nom de spahis a été adopté sur la proposition du colonel Marey, parce que cette cavalerie formait une arme nouvelle, à laquelle ne s'adaptait aucune dénomination en usage, et que le nom arabe du combattant à cheval paraissait devoir lui convenir.

L'organisation du corps des spahis offrait des difficultés spéciales, tenant non seulement aux exigences des fonctions simultanées de l'agha, mais encore au corps lui-même. Pour former un corps ordinaire, les ordres ministériels mettent à la disposition du chef le personnel en officiers, sous-officiers et soldats, les chevaux, les harnachemens; des casernes bien disposées reçoivent la troupe, des réglemens fixent la position de chacun ainsi que la tenue, il n'y a pas d'intérêt opposé au succès de l'opération. Il en était autrement des spahis. Le lieutenant-colonel Marey arriva seul; il dut, sauf pour le faible noyau qu'il reçut du 1er régiment de chasseurs, chercher, choisir, demander un à un les officiers sous-officiers et soldats français, enrôler encore un à un les indigènes, ce qui multiplait les soins, les démarches et les écritures, se procurer des chevaux sans l'intermédiaire de fournisseurs; provoquer l'adoption d'un harnachement, des exercices, d'une tenue, de réglemens administratifs et de service intérieur. Les spahis étaient placés généralement aux avant-postes dans des casernes imparfaites et souvent au bivouac; ils faisaient chaque semaine des courses nombreuses, leur existence était continuellement menacée; dans les corps français, si le soldat est peu satisfait, il n'en résulte ordinairement que des propos; avec les indigènes il faut que le service plaise à la troupe pour que le recrutement ait lieu et qu'il n'y ait pas de désertion, condition difficile à concilier avec les exigences d'un corps régulier et du service pénible des avant-postes.

Les officiers, sous-officiers et brigadiers en partie indigènes, étaient beaucoup moins nombreux que dans les corps français; les blessures et les maladies, suite de leur dur service, en rendaient un bon nombre indisponibles; le lieutenant-colonel Marey fut lui-même, pendant près de trois mois, au commencement de 1835, malade par suite d'un coup de feu. Les partis arabes et leurs adhérens contrariaient cette institution. Cependant ce corps prit de l'extension; en 1836, il atteignit un effectif de près de 600 hommes. Des corps semblables furent formés à Bone et à Oran, et il y a maintenant 14 escadrons de spahis, 6 à Alger, 4 à Bone et 4 Oran. Les discussions de la dernière session ont prouvé que même maintenant que leur organisation est achevée, ces corps avaient encore une existence peu assurée.

L'uniforme des spahis ne comporte pas un bouton; le gilet est bleu et se passe comme une blouse; le devant et le derrière sont semblables; il en est de même du pantalon qui est bleu, très ample et serré par une ceinture; il descend jusqu'au dessous du genou; on les change de côté à volonté. La veste est garance, ouverte par devant, le burnous est garance; c'est un manteau fermé par de fortes coutures sur la poitrine, avec un capuchon; il se passe aussi comme une blouse; les Arabes le portent toujours; dans le combat, on rejette les pans derrière le dos. Une longue ceinture de laine rouge protége le ventre et les reins; la tête est garantie par un turban rouge auquel sert la même pièce qui fait la ceinture. Ce costume est très sain, ses formes amples et sans tension le rendent très durable; le sabre est porté à cheval sur la selle horizontalement sous la cuisse gauche du cavalier, qui n'en est pas gêné; c'est l'usage du pays, ce qui empêche cette arme de battre dans la jambe du cheval et de faire du bruit en choquant les étriers. Le fusil est porté en bandouillère, les pistolets sont portés au côté gauche au moyen d'un étui qui couvre les batteries; la giberne à la façon arabe vient sur la hanche; derrière la selle est un bissac qui renferme les vivres et l'orge, le fourrage se place en dessus. Les distinctions de grades sont celles en usage dans les hussards, et les broderies sont proportionnées à la solde.

Beaucoup de soldats français parlent arabe, beaucoup d'Arabes parlent français; les spahis peuvent fournir un grand nombre d'interprètes, ainsi que des guides pour tous les pays de l'Algérie; ils ont enlevé beaucoup de cavaliers excellens à nos ennemis, et des Arabes de distinction s'y sont inscrits. Au contraire de ce qu'on pouvait prévoir, les spahis ont fait un grand nombre de prisonniers ; et cette innovation qui a forcé les Arabes à en faire à leur tour pour échanger les leurs, a modifié en partie la nature de la guerre âpre et cruelle de l'Afrique.

Nous ferons suivre cette historique du détail des opérations auxquelles les spahis ont pris part.

Le 20 décembre 1834, expédition de nuit de 600 hommes, près de l'Atlas, sur la ferme Hamedi, où le lieutenant-colonel Marey reprit des bestiaux volés.

Le 4 janvier 1835, expédition de 3,000 hommes chez les Hadjoutes, sous les ordres du général Rapatel. Le lieutenant-colonel Marey commandait l'avant-garde. L'ordre du jour de M. le gouverneur-général à cette occasion contient les passages suivans : « Au moment où nos troupes se retiraient, il y eut un engagement fort vif, dans lequel le lieutenant-colonel Marey, atteint d'une balle à la poitrine, ne voulut pas quitter le commandement. »

En arrivant à Douéra, le lieutenant-général Rapatel fut empressé de témoigner sa satisfaction aux troupes et aux officiers qui les commandaient. Il cita particulièrement le lieutenant-colonel Marey et le chef d'escadron Lamoricière.

TOUS LES LUNDIS, l'agha et les spahis allaient au marché de Bouffarich; les spahis faisaient en outre un service de surveillance et de patrouilles, qui était très pénible, et où plusieurs périrent.

LE 12 JANVIER, le colonel Marey, blessé de l'avant-veille, commanda une colonne de 1,500 hommes, destinée à protéger la tribu de Beni-Krelil contre les Hadjoutes qui voulaient la piller.

LE 14 MARS, un détachement de 12 spahis en reconnaissance tomba dans une embuscade de 300 cavaliers hadjoutes, et perdit un cavalier. Une souscription, faite dans le corps, produisit 500 francs, qui furent remis à la famille du mort. Un cavalier sage fut choisi parmi les spahis pour épouser la veuve qui était sans ressources, et prendre soin des enfans.

LE 15 MARS 1835, les spahis, commandés par le lieutenant-colonel Marey, prirent part à l'opération dirigée par le lieutenant-général Rapatel contre un rassemblement d'Hadjoutes, qui avait attaqué les tribus des environs de Douéra.

26 MARS 1835; expédition du général Rapatel contre 1,200 cavaliers hadjoutes. Il y

eut là un combat de cavalerie fort long. Le lieutenant-colonel Marey y prit part, malgré sa blessure encore ouverte. Le lieutenant-général témoigna dans un ordre du jour sa satisfaction à toutes ses troupes.

Le 10 avril 1835, M. Gastu, capitaine de spahis, est nommé, par le gouverneur, chef du bureau arabe sous le lieutenant colonel Marey, qui le chargea de plus du commandement des spahis auxiliaires.

27 mai 1835, le lieutenant-colonel Marey commanda une opération de 1,000 hommes dirigée vers Cara-Moustapha, pour éloigner des environs Oulid-Bou-Mezrac, qui, agissant pour le bey de Constantine, attaquait nos alliés, les Beni-Jad. Il n'y eut pas d'engagement. Oulid Bou-Mezrac leva son camp.

27 juin 1835, il commanda une opération de 600 hommes, dirigée contre les brigands du Merdja, qui se soumirent.

Le 4 juillet, le lieutenant-colonel Marey commanda une colonne de 1,800 hommes, dont faisaient partie les spahis réguliers et auxiliaires, pour installer, comme chef, Ben-Omar à Blida. Là, il apprit la première nouvelle de l'affaire de la Macta, près d'Oran, jugea que le moment de l'installation n'était plus opportun, et ramena Ben-Omar ; ce en quoi il fut approuvé.

Le 30 juillet 1835, les Aribs avaient été

convoqués pour la fête du 29 juillet. On devait les solder le lendemain; dans la nuit, les Amraouas et les Issers attaquèrent leurs douars presque sans défenseurs. Promptement prévenu, le lieutenant-colonel Marey se porta à leurs secours avec les spahis, et un escadron de chasseurs; la nouvelle de son arrivée fit fuir l'ennemi, qui laissa sept tués et quatre prisonniers. L'agha, pour punir la tribu de Krachna, qui n'avait pas combattu et avait dirigé l'ennemi, fit piller par les Aribs la ferme d'Araoua, qui avait fourni des guides aux agresseurs. Les quatre prisonniers furent laissés entre les mains du chef des Aribs, qui les menaça de les fusiller si une nouvelle attaque avait lieu. Cela suffit pour maintenir les tribus de l'est pendant deux ans.

Le 9 août 1835, les spahis, sous les ordres du lieutenant-colonel Marey, prirent part à l'expédition contre les Hadjoutes, dirigée par le colonel Schauenbourg. Ils y firent quatre prisonniers. Le lieutenant-général témoigna sa satisfaction à toutes les troupes par un ordre du jour.

Le 14 août, le roi accorda au lieutenant-colonel Marey la croix d'officier de la Légion-d'Honneur, qui avait été demandée pour lui à l'occasion des affaires précédentes.

Le 21 septembre, les spahis prirent part à la reconnaissance dirigée par le colonel Schauenbourg sur Koléah.

Le 5 octobre, les spahis réguliers et auxiliaires furent de l'expédition dirigée par le lieutenant-général Rapatel sur Mouzaïa. Au retour, un spahis auxiliaire, nommé Ben-Kala, apprit des cavaliers qui tiraillaient contre les nôtres, que les brigands de l'Arba avaient profité de l'absence des troupes pour venir lui enlever sa famille et ses bestiaux, ce qui irritait beaucoup les indigènes. Ces renseignemens se vérifièrent. Par suite des ordres du lieutenant-général, le lieutenant-colonel Marey, avec les spahis réguliers et auxiliaires, ainsi que les zouaves, partit à minuit de Bouffarich, attaqua les fermes de l'Arba, y prit quatre cents têtes de bétail, en ramena vingt-deux prisonniers et y tua quelques hommes. La famille et les bestiaux du spahis Ben-Kala furent rendus en échange des prisonniers.

Le jour suivant, le lieutenant-colonel Marey partit encore à minuit de Bouffarich avec les mêmes troupes, alla dans la montagne enlever la sœur, le beau-frère du bey de Méliana et leur famille. Il y eut un engagement de nuit, où deux des nôtres périrent, ainsi que plusieurs Kabyles. On ramena les bestiaux de ce marabout, nommé Sidi-el-Abchi.

L'ordre du jour du lieutenant général Rapatel, au sujet de ces expéditions, contient ce passage : « Le succès de ces deux brillans coups de main est très important ; le lieutenant-colonel Marey et le commandant Lamoricière y ont déployé leur bravoure et leur sagacité accoutumées. Le lieutenant-général, en leur témoignant son entière satisfaction, ainsi qu'aux troupes sous leurs ordres, cite, d'après le rapport du lieutenant-colonel Marey, M. le capitaine Gastu et le lieutenant Ben-Abdeltif, du corps des spahis ; le capitaine Picouleau et le lieutenant Tixader, du bataillon des zouaves. »

Le 18 octobre 1835, 600 spahis réguliers et auxiliaires, sous les ordres du lieutenant-colonel Marey, prirent part à l'expédition dirigée par le maréchal Clauzel contre le bey de Méliana, qui fut chassé de son camp d'Afroun. Les spahis faisaient l'avant-garde, furent engagés plusieurs fois, et brûlèrent toutes les fermes hadjoutes.

Le 12 novembre 1835, S. A. R. M. le duc d'Orléans passa la revue de 400 spahis réguliers et 300 auxiliaires ; ceux-ci lui offrirent au nom des tribus arabes un cheval magnifiquement harnaché. Le prince fit, quelques jours après, des cadeaux considérables d'armes et de burnous à tous les chefs arabes des environs.

Le 13 novembre 1835, le prince royal se rendit au camp de Bouffarich; il y marqua sa présence par une bonne action, dont le souvenir reste encore dans la mémoire des Arabes. Une négresse, maltraitée par un Arabe son maître, s'était enfuie d'une ferme des environs, et était venue, le bras cassé, demander refuge dans le camp. On l'avait recueillie. Son maître la réclama comme sa propriété. La garder était un acte contraire aux lois, en la rendant on l'exposait à une mort certaine. S. A. R. informée de cette difficulté la termina en faisant venir le maître de l'esclave, auquel il fit remettre le prix qu'il demanda; puis, ajoutant au bienfait de la liberté qu'acquérait cette femme, il accéda au désir montré par elle, qu'il la mariât, pour lui donner un appui, et choisit parmi les spahis présens un nègre qui accepta et fut agréé; il fit remettre une dot aux futurs époux qui s'unirent le lendemain devant le le cadi d'Alger.

Le 27 novembre 1835, le lieutenant-colonel Marey, avec 700 spahis réguliers et auxiliaires, de l'infanterie et du canon, en tout

1,200 hommes, dirigea une rhazia chez les Hadjoutes, qui perdirent quelques hommes et 1,200 têtes de bétail.

30 NOVEMBRE 1835; le détachement de spahis laissé à Douéra à la garde du bétail enlevé la veille prit part au combat livré aux Hadjoutes, faisant une rhazia sur Douéra. L'ennemi perdit là 27 hommes tués.

Le lieutenant-général Rapatel fit l'ordre suivant :

Le lieutenant-général commandant les troupes s'empresse de porter à leur connaissance les témoignages de satisfaction que M. le ministre de la guerre veut bien ajouter à ceux qu'il a lui-même exprimés aux corps ou détachemens qui ont pris part à l'expédition du 27 et à l'engagement du 30 novembre dernier. Pour ne point en affaiblir l'expression, il met textuellement à l'ordre les deux premiers paragraphes de la dépêche ministérielle.

« Général, j'ai reçu vos dépêches des 30 novembre et « 1er décembre. A la première était joint un rapport du « lieutenant-colonel Marey, sur l'expédition faite dans la « journée du 27 novembre contre les Hadjoutes, et dirigée « particulièrement sur les fermes de Chaïba et de Daouda, « reconnues pour servir de repaires aux Arabes qui font « de si fréquentes excursions dans le Sahel. Je suis satis- « fait du résultat obtenu par cet officier supérieur ; je vous « charge de le lui faire connaître, ainsi qu'aux troupes qui « ont pris part à cette expédition. »

« Les détails dans lesquels vous entrez dans votre let- « tre du 1er décembre, sur l'engagement qui a eu lieu le « 30 novembre, ont aussi excité mon intérêt, et je me plais « à donner mon approbation aux témoignages de satis- « faction que vous adressez aux troupes par la voie de « l'ordre du jour.

« Je mettrai sous les yeux du roi les noms des militai-
« res qui se sont fait le plus particulièrement remarquer,
« et de ceux que vous proposez pour des récompen-
« ses. »

Le lieutenant-général, commandant les troupes, est heureux de pouvoir joindre une approbation si flatteuse à la sienne. Il est convaincu, d'ailleurs, que tous les corps qui servent en Afrique continueront à mériter par leur conduite de si honorables encouragemens.

Signé : Rapatel.

1er décembre 1835; les Arabes attaquèrent dans les environs de Bouffarich; le lieutenant-colonel Marey, qui en avait été prévenu, déboucha de Douéra avec les spahis, et hâta leur retraite. La garnison de Bouffarich leur tua plusieurs cavaliers.

Le 1er janvier 1836, le général Desmichels dirigea une rhazia chez les Hadjoutes Le lieutenant-colonel Marey, commandant l'avant-garde, composée des zouaves, des spahis réguliers et des cavaliers auxiliaires, pénétra dans le bois de Karézas, et y surprit l'ennemi, qui perdit plusieurs hommes, 1,200 bêtes à cornes, et 4 à 5,000 moutons. Les spahis firent *deux prisonniers*.

L'ordre du jour du lieutenant-général Rapatel à cette occasion contient ce qui suit : « Je crois devoir faire connaître les noms de MM. les chefs de corps ou de détachemens qui, dans cette expédition, ont parfaitement secondé M. le général Desmichels, qui la commandait. Ce sont : MM. le colonel de Schauenbourg, le lieutenant-colonel Marey, le chef de bataillon Sornier, le capitaine Gastu, le capitaine Picouleau. »

Le 17 janvier 1836, le lieutenant-colonel Marey se rendit avec 90 spahis à Bouffarich, où il effectua l'échange de divers prisonniers arabes contre ceux que les Hadjoutes avaient été obligés de nous faire, au lieu de les tuer comme ils faisaient auparavant; savoir : deux charretiers, deux enfans, un spahis français, un chasseur, un caporal et un voltigeur d'infanterie.

Le 29 février 1836, le lieutenant-général Rapatel dirigea chez les Hadjoutes une reconnaissance, où les spahis, sous les ordres du lieutenant-colonel Marey, prirent part à l'engagement qui eut lieu.

Le 16 février 1836, les spahis, un bataillon et deux pièces de montagne allèrent, sous les ordres du lieutenant-colonel Marey, au marché de Beni-Mouça, et empêchèrent une rhasia préparée par les Kabyles, qui durent se disperser et se soumettre.

Le 29 mars 1836, 700 spahis réguliers et auxiliaires, sous les ordres du lieutenant-colonel Marey, partirent pour l'expédition de

Médja, que dirigea le maréchal Clauzel. Ils y eurent plusieurs engagemens meurtriers, firent un prisonnier et prirent part à la rhasia chez les Ouzra. Les capitaines Bouscaren et Gastu furent grièvement blessés en combattant d'une manière distinguée. Pour cette opération, les spahis avaient dû réunir en deux jours cinq cents mulets ou chameaux nécessaires pour le transport des bagages. Il avait fallu les choisir dans toute la Mitidja, c'est-à-dire sur un terrain de dix-huit lieues de long sur cinq de large. A l'occasion de cette expédition, le lieutenant-général fit un ordre qui contient le passage suivant: « MM. le colonel Tournemine, de l'artillerie; Lemercier, du génie; de Schauenbourg, du 1er chasseurs; Menne, du 2e léger; de Kenigseg, du 13e de ligne, et Hequet, du 63e; MM. le lieutenant-colonel Marey, des spahis, et de Lamoricière, des zouaves; M. Perrin, chef d'escadron, faisant fonction de chef d'état-major; Montréal, chef du 3e bataillon d'Afrique, et Marengo, chef de bataillon, chargé des travaux de défense de la ferme de Monzaïa, ont fait preuve de capacité, d'élan et de zèle. »

Le 7 mai 1836, le capitaine Lamarosse et le lieutenant Lacordaire mirent en fuite, avec 20 spahis, une troupe de 60 cavaliers arabes qui attaquaient un convoi; ils en sabrèrent plusieurs. Un ordre du jour de l'armée signala leur brillante conduite.

Le 27 mai 1836, les spahis combattirent vaillamment contre les Hadjoutes, qui étaient venus attaquer nos lignes. Le lieutenant Berger fut blessé, et fut cité à l'ordre de l'armée comme s'étant distingué par sa bravoure et son habileté.

Le 28 mai 1836, un nouvel échange de prisonniers eut lieu avec les Hadjoutes.

Mois d'aout; les spahis prirent part, dans le courant d'août, à une suite d'affaires où plusieurs actions méritèrent d'être citées à l'ordre du jour de l'armée.

Le 11 septembre 1836, le lieutenant-colonel Marey dirigea sur le fourré de Karézas une rhazia avec deux bataillons, six cents spahis réguliers et auxiliaires, plus deux pièces de montagne. Un combat très vif y eut lieu. Nous perdîmes neuf tués et onze blessés, et les Arabes un nombre bien plus considérable.

14, 16, 17 septembre 1836; les spahis prirent part, sous les ordres du commandant d'Erlon, aux combats qui eurent lieu près de Blida, plusieurs d'entre eux furent cités à l'ordre du jour.

Le 25 octobre 1836, les spahis, avec un bataillon et deux pièces de montagne, allèrent, sous les ordres du lieutenant-colonel Marey, au marché de Beni-Monça pour protéger encore la tribu contre les Kabyles.

Le 9 novembre 1836, 120 spahis, exécutant une reconnaissance sous les ordres d'un capitaine, tombèrent dans une embuscade de 800 cavaliers arabes et perdirent 22 hommes tués, dont 3 officiers.

Les 10, 11 et 12 novembre, les spahis, commandés par le lieutenant-colonel Marey, prirent part, sous les ordres du général Rapatel, à l'attaque du camp du bey de Meliana vers Blida.

26 novembre 1836, les spahis prirent part aux combats et reconnaissances qui suivirent à l'occasion de l'attaque faite par le bey de Meliana.

Le 8 décembre 1836, les spahis escortèrent S. A. R. M. le duc de Nemours dans une partie de la course qu'il fit dans la plaine. A Bouffarich, les cavaliers des tribus s'étaient réunis; ils défilèrent avec les spahis réguliers devant le prince, lui furent ensuite présentés par le lieutenant-colonel Marey, et lui offrirent un cheval richement harnaché. Le prince, quelques jours après, les réunit à Alger, et fit à tous les chefs des cadeaux d'armes etde burnous.

Le 25 décembre, le colonel Marey fit faire, par ordre du général Rapatel, un nouvel échange de quinze prisonniers arabes contre six prisonniers français, parmi lesquels était le lieutenant de frégate M. Defrance.

Le 8 janvier 1837, les Hadjoutes ayant organisé un système d'attaques qui désolait la Mitidja, et auxquels les cavaliers de Beni-Kretil ne pouvaient pas opposer de résistance, le lieutenant-colonel Marey fut installé à Bouffarich avec les moyens nécessaires pour rétablir le bon ordre, d'après les instructions contenues dans la lettre suivante de M. le lieutenant-général Rapatel : il resta cinq mois dans cette position.

Alger, le 8 janvier 1837.

Colonel,

Monsieur le maréchal, gouverneur-général, voulant que vous exerciez vos fonctions dans toute leur plénitude, conformément à l'arrêté qui a fixé vos attributions en qualité d'agha des Arabes, notamment celles qui ont pour objet d'assurer la paix publique, d'étendre notre action et notre influence sur les populations indigènes, et de protéger les Arabes qui nous sont restés fidèles, m'a chargé de vous notifier les dispositions suivantes, qui vous donneront les moyens d'exécution suffisans pour remplir la mission qui vous est confiée.

Vous vous établirez immédiatement à la ferme de Haouch-Chaouch, dont les bâtimens viennent d'être mis en état, et qui sera, jusqu'à nouvel ordre, exclusivement affectée à votre service. Vous rayonnerez autour de ce point, mais principalement à l'extérieur, pour déjouer les tentatives isolées de l'ennemi, tendre des embuscades aux malfaiteurs, protéger les habitans paisibles, arrêter les perturbateurs et enlever les personnages politiques opposés à notre domination.

Les forces dont vous pourrez disposer pour ces diverses opérations se composent :

1° De tous les spahis réguliers, moins ceux qui seront attachés à un service spécial, entre autres celui de la correspondance ;

2° De la moitié de l'infanterie qui forme la garnison du camp de Bouffarich;

3° De deux pièces de montagne ;

4° Des spahis auxiliaires et des cavaliers de la plaine, moins ceux du Sahel.

L'initiative de toutes les opérations qui n'exigeront que l'emploi de ces forces vous appartiendra. Cependant celles qui exigeraient votre éloignement à plus d'un jour de marche seraient concertées entre vous et M. le commandant supérieur des camps de l'Ouest, qui ferait toutes les dispositions nécessaires pour vous appuyer si besoin était. Vous devrez rendre compte à cet officier-général, ou à celui qui commanderait en son absence, de toutes vos sorties, lors même qu'elles auraient lieu nuitamment et à l'improviste, et vous lui ferez connaître la direction et le but de votre marche, afin que sur toute la ligne de nos possessions on redouble de vigilance, et qu'il n'y ait pas de fausse alerte.

Dans les engagemens que vous aurez avec l'ennemi, vous vous attacherez à lui faire des prisonniers.

Vous rendrez un compte exact des prises et des captures que vous serez dans le cas de faire, afin qu'il en soit disposé conformément aux réglemens et aux ordres que j'ai donnés à ce sujet.

Votre action devant être politique autant que militaire, vous ferez vos efforts pour engager les tribus éloignées à la paix et à la soumission. Vous les encouragerez à nouer des relations commerciales, et vous accorderez une protection efficace à tous les indigènes qui reconnaîtront notre autorité.

Vous vous conformerez au surplus aux dispositions de l'arrêté du 18 novembre 1834 et à celles du titre XI de l'ordonnance sur le service des armées en campagne, en tout ce qui n'est pas contraire au contenu de la présente.

Recevez, colonel, l'assurance de ma considération la plus distinguée.

Le lieutenant-général commandant les troupes en Afrique.

Signé : Baron Rapatel.

Les forces à la disposition du lieutenant-colonel Marey étaient, par suite, de quatre cents spahis réguliers, trois cent cinquante spahis auxiliaires, de quatre cents cavaliers de la plaine non soldés, de quatre cents hommes d'infanterie, de deux pièces de montagne, et d'un millier de fantassins arabes, armés et non soldés.

Il organisa immédiatement un système de patrouilles, où ces moyens étaient en totalité ou en partie employés, et qui, parcourant la plaine pendant la nuit, rendirent très dangereuses pour les Hadjoutes les incursions qu'ils faisaient auparavant presque sans crainte.

Le 24 janvier 1837, le capitaine Gastu, avec vingt spahis et deux cents cavaliers auxiliaires, alla au marché de Beni-Mouça, pour y maintenir l'ordre, et s'opposer aux Kabiles qui avaient menacé la tribu.

Le 2 février 1837, les spahis prirent part à l'expédition que dirigea le général Bro sur la Zaouïa de Sidi-el-Habchi, dans l'Atlas. Le lieutenant-colonel Marey, commandant l'avant-garde composée de douze cents hommes, détruisit le village.

Le 7 février 1837, quatre cents hommes d'infanterie, les spahis et les auxiliaires reprirent à un fort parti d'Hadjoutes deux cents bêtes à cornes qu'ils avaient enlevées en arrière de Bouffarich. Le lieutenant-colonel Marey accula la cavalerie arabe à la montagne de Beni-Kina, où elle perdit 63 chevaux sellés, ainsi que plusieurs hommes tués et deux prisonniers; 50 cavaliers hadjoutes furent dépouillés par les Kabiles alliés; leur kaïd Ben-Ksaïr fut de ce nombre.

Le ministre de la guerre et le lieutenant-général Rapatel, commandant les troupes en Afrique, et gouverneur-général par *intérim*, témoignèrent leur satisfaction au sujet de cette opération, par suite de laquelle le lieutenant-colonel Marey fut proposé pour le grade de colonel.

Le 10 février 1837, le lieutenant-colonel Marey s'étant porté vers Blida pour reconnaître un parti d'Arabes, avec deux compagnies d'infanterie, quatre escadrons de spahis et deux pièces de montagne, fit trois prisonniers, et s'empara de deux cents bêtes à corne, qui furent livrées à l'administration, à Bouffarich.

Le 23 février 1837, les spahis, sous les ordres du lieutenant-colonel Marey, prirent part à l'opération dirigée par le général Bro chez les Hadjoutes.

Le 7 mars, les spahis firent une reconnaissance dirigée par le lieutenant-colonel Marey, près de Blida, et eurent un engagement très vif avec les Arabes.

Le 27 mars, ils firent partie de la reconnaissance dirigée par le général Bro, vers la Chiffa, et y furent engagés quelque temps.

Les spahis ont fait tout cet hiver des marches, patrouilles et reconnaissances de jour et de nuit, pour empêcher les déprédations des Hadjoutes dans la Mitidja ; le résultat a été à leur avantage.

Le 23 aout, 200 spahis, sous les ordres du lieutenant-colonel Marey, ont repris à 300 cavaliers hadjoutes les bestiaux qu'ils enlevaient à la ferme Rharaba, les ont poursuivis vivement pendant trois lieues, et leur ont tué plusieurs cavaliers. Ils eurent aussi un maréchal-des-logis tué et deux hommes blessés.

Le 28 avril, le lieutenant-colonel prit part avec les spahis à la reconnaissance dirigée par le gouverneur-général sur Blida. Il eut à la retraite le commandement de l'arrière-garde, composé de zouaves, des spahis et de deux pièces de montagne.

Le 29 avril, les spahis, sous les ordres du lieutenant-colonel Marey, firent partie de la colonne de 7,000 hommes, commandée par le gouverneur, qui s'empara des hauteurs dominant Blida.

Le 2 mai, le capitaine Bouscaren fut établi à Mered avec 100 spahis et 200 fantassins, qu'il pouvait mettre en opération sans demander d'ordres. Il devait ainsi protéger les tribus en arrière.

Dans le courant de mai, des déachemens

de spahis prirent une part honorable aux brillans combats que livrèrent dans l'Est de la province d'Alger les colonnes commandées successivement par le colonel de Schauenbourg, le général Perregaux et le commandant de La Torre.

Le 2, le 3 et le 4 juin, les spahis, commandés par le colonel Marey, prirent part, sous les ordres du général Négrier, aux combats livré à 1,500 cavaliers arabes, près de Bouffarich, et aux mouvemens qui suivirent vers la Chiffa. Le commandant Bouscaren s'y distingua.

Le 6 juin, les spahis, commandés par le colonel Marey, prirent part, sous les ordres du général Damrémont, au combat livré au bey de Meliana, près de Mered. Ils firent une charge à l'arme blanche qui détermina la fuite de 600 cavaliers arabes, et en tuèrent plusieurs.

Le 7 juin, dans la rhasia dirigée la nuit sur le bois de Karezas par le général Damrémont, les spahis, commandés par le lieutenant-colonel Marey, furent placés en tête de la colonne, et pénétrèrent dans le fourré, où eut lieu un combat très animé. A la retraite ils formèrent l'arrière-garde.

Depuis la paix ils ont pris part au service très pénible de la correspondance, des escortes et reconnaissances, qui fut établi. A cheval de jour et nuit, couchant sans literie, et, tout habillés, ils ont donné la preuve qu'on pouvait compter sur eux pour la paix comme pour la guerre. Ils ont pris part aux mouvemens de prévoyance dirigés contre l'approche d'Abd-el-Kader au printemps de 1838; et à l'occupation de Blida, dans l'été de la même année, leur recrutement a été suspendu, remis en activité et suspendu de nouveau. Le projet paraissant être de placer les spahis dans les régimens de chasseurs qui seraient portés à quatre, composés ainsi qu'il suit : six escadrons français et deux de spahis dans les chasseurs d'Alger et d'Oran, cinq escadrons français et un de spahis dans les chasseurs de Bone et de Constantine. Ce dernier régiment n'existe pas encore.

Le colonel Marey, après avoir eu successivement le commandement des camps de Boufarich et Douira, est venu au mois de mars 1839 prendre part aux dernières élections. Il a été envoyé par le gouvernement, au camp de troupes piémontaises de toutes armes qui fait de grandes manœuvres près de Turin. Il avait demandé, après un séjour de neuf ans en Afrique, à prendre un commandemente n France. Nous apprenons qu'il vient d'être placé à la tête du 1er régiment de cuirassiers.

Telle est la vie militaire du colonel Marey ; nous allons donner quelques détails sur sa position politique.

Sous la restauration, il vota avec le parti libéral comme électeur de l'arrondissement de Beaune et du grand collége de Dijon.

En 1830 il reçut, quoiqu'à Alger, comme marque de sympathie, le commandement honoraire de la compagnie d'artillerie de la garde nationale de la ville de Beaune.

Aux élections de 1831, l'ancien parti libéral s'était divisé en deux fractions : l'un forma la nouvelle opposition et continua à porter à la députation l'ancien député, M. Mauguin ; l'autre porta sa voix sur le chef d'escadron Marey, qui, quoique en Afrique, réunit 161 suffrages.

Lors des élections de 1834, le commandant Marey, qui allait avoir une position nécessitant pour long-temps sa présence à Alger, se désista de la candidature.

En 1837, le colonel Marey, porté par le même parti qu'en 1831, réunit 293 suffrages. Son concurrent, M. Mauguin, fut nommé à 4 voix de majorité.

En 1839, le colonel Marey arriva d'Afrique pour les élections, quatre jours seulement avant la réunion des colléges. Quoique l'opinion publique le désignât comme devant suivre de nouveau la candidature, il n'y parut que comme électeur. Les électeurs de son opinion se divisèrent entre deux candidats qui se rapprochaient, l'un de la droite, l'autre de la gauche; ce dernier, M. Mauguin, passa avec une majorité de 8 voix.

En résumé, le colonel Marey, né dans une position qui devait lui être très favorable du temps de l'empire, a obtenu par ses travaux sous la restauration de fixer l'attention de ses chefs et tout l'avancement que la loi permettait; il a parcouru en Afrique depuis 1830 une carrière rapide pour notre époque. En sept ans, il a obtenu les grades de chef d'escadron, de lieutenant-colonel, de colonel, la croix d'honneur et la croix d'officier; toutes ces faveurs ont été motivées par des missions de confiance, des blessures, des actions de guerre, et des ordres du jour. Dans le même temps il a reçu deux fois de ses concitoyens des votes nombreux pour la candidature à la députation. Ayant laissé ces traces honorables dans les écoles, dans l'artillerie, en Afrique et dans son pays natal, le colonel Marey, âgé de quarante-trois ans, donne lieu de croire qu'il rendra encore long-temps d'utiles services à l'État.

www.ingramcontent.com/pod-product-compliance
Ingram Content Group UK Ltd.
Pitfield, Milton Keynes, MK11 3LW, UK
UKHW021014200726
13857UKWH00004B/1449